COLLECTION
CONNAÎTRE UNE ŒUVRE

MADAME DE LA FAYETTE

La Princesse de Montpensier

Fiche de lecture

Les Éditions du Cénacle

ISBN 978-2-36788-994-8

Dépôt légal : Mai 2019

SOMMAIRE

BIOGRAPHIE

MADAME DE LA FAYETTE

Marie-Madeleine Pioche de La Vérone est née le 18 mars 1634 à Paris. Issue d'une famille lettrée et de petite noblesse, elle développe très vite un amour pour les lettres et cultive son esprit dans les milieux mondains et les salons littéraires.

Son père, Aymar de La Vergne, se libère du préjugé de son époque qui interdit aux femmes la connaissance et prend très à cœur l'éducation de sa fille. Très instruit lui-même, il fait appel à deux amis, Ménage et le père Rapin, qui se chargent d'enseigner à sa fille le latin.

Elève brillante, elle devient rapidement un modèle pour le sexe féminin. Elle fréquente déjà les salons de Mlle de Scudéry et l'Hôtel de Rambouillet et se distingue des autres jeunes filles de son âge par son érudition et son élégance.

À la mort de son père, sa mère se remarie avec Renaud de Sévigné, l'oncle de Marie de Sévigné, avec laquelle elle se lie d'amitié.

Mademoiselle de La Vergne épouse en 1655 François, comte de La Fayette, de quinze ans son aîné.

Madame de La Fayette entre en société, une société dans laquelle les rangs ne sont pas confondus et où les aristocrates privilégient les discours complexes de rhétoriques au naturel et à la vérité d'expression.

La jeune femme se fixe à Paris et fréquente les sociétés précieuses qui ne laissent aucune place à la spontanéité et excellent dans l'exagération des sentiments et dans les discours métaphysiques sur l'amour.

Elle tient rapidement son propre salon et sa réputation fait d'elle une femme du monde très sollicitée, au point qu'elle fait de l'ombre à son mari.

Au cours du XVIIe siècle, des œuvres majeurs apparaissent, il s'agit aussi bien d'ouvrages romanesques que d'ouvrages philosophiques, avec des écrivains tels que Molière, Racine, La Fontaine, Pascal et La Rochefoucauld. Elle s'inspire d'ailleurs de ce dernier, de ses maximes et de son esprit.

La Princesse de Montpensier écrite avec Ménage est publiée en 1662 et reste non signée. En effet, l'anonymat est une pratique courante au XVIIe siècle et passe pour une simple coquetterie de précieuse. La profession des lettres n'est pas valorisée par la société et les femmes d'un rang de qualité ne sont pas en mesure d'accéder au titre d'auteur.

Ainsi, l'œuvre de Madame de La Fayette connaît un succès et le talent de l'écrivain est reconnu mais la jeune femme, restée dans l'anonymat, ne jouit pas de la renommée littéraire méritée.

Zaïde est publié en 1669 (Tome 1) puis en 1671 (Tome 2) sous la signature de Segrais mais c'est une fausse attribution, il s'agit certainement d'une œuvre collective.

Cette œuvre fait réagir la haute société et se distingue des romans interminables de l'époque par un retour au naturel et à l'expression des sentiments délicats par le biais d'une élégance remarquable.

Si *Zaïde* provoque l'étonnement par sa virtuosité, c'est *La Princesse de Clèves*, publiée en 1678, sans nom d'auteur, qui fait figure de chef-d'œuvre.

L'ouvrage le plus réussi de Madame de La Fayette devient rapidement un classique littéraire.

Cette fiction se présente comme le reflet des mœurs du XVIIe siècle, et met en scène une princesse déchirée entre sa passion pour l'homme qu'elle aime et son devoir de moralité et de fidélité pour son époux. La mise à nue du cœur humain marque l'originalité. Voltaire écrit : « Avant Madame de La Fayette, on écrivait d'un style ampoulé des choses peu vraisemblables. Sa *Princesse de Clèves* et sa *Zayde* furent les premiers romans où l'on vit les mœurs des honnêtes gens, et des aventures naturelles décrites avec grâce. »

Une période sombre s'annonce pour Madame de La Fayette puisqu'elle perd en 1680 son ami et amant La Rochefoucauld puis son époux en 1683. Elle se retire des milieux mondains et se plonge dans la solitude la plus complète en s'orientant vers les voies religieuses dans les dernières années de sa vie, avant de s'éteindre le 25 mai 1693.

PRÉSENTATION DE LA PRINCESSE DE MONTPENSIER

La Princesse de Montpensier parut en 1662 sans nom d'auteur chez l'éditeur, Madame de La Fayette n'ayant pas signé l'œuvre par convenance.

La nouvelle marque le succès d'un genre nouveau en renouant avec le naturel et en peignant la confrontation de l'individu avec les contraintes sociales et morales.

Aussi, le succès de *La Princesse de Montpensier* annonce celui de *La Princesse de Clèves*, considérée comme une œuvre majeure du classicisme.

Le récit se situe sous le règne de Charles IX (1560-1574), en pleine guerre civile opposant catholiques et protestants, à la veille du massacre de la Saint-Barthélemy.

C'est dans un climat de violence où se répercutent les horreurs de la guerre que la princesse de Montpensier cède à sa passion pour le duc de Guise. Dans son amour profond, elle torture avec une méchanceté inconsciente le comte de Chabannes, fou amoureux de la jeune femme, qu'elle charge de la mission de messager auprès de son amant.

Le dénouement est sanglant, puisque l'intrigue amoureuse se métamorphose en véritable tragédie. Un tourbillon de sentiments déchire les personnages : amour, haine, jalousie et souffrance.

Le comte de Chabannes est tué dans la nuit de la Saint-Barthélemy et le duc de Guise délaisse la princesse pour les yeux d'une autre.

D'un amour sincère naît une histoire tragique, celle d'un homme, le comte de Chabannes qui s'est laissé tomber dans les vertiges de l'amour, et celle d'une femme imprudente, la princesse de Montpensier, qui s'est laissée tromper par les délices de la passion.

L'œuvre est imprégnée d'un arrière goût de moralité et de maximes. Elle met au premier plan une femme incarnant la condition féminine de l'époque au cœur d'une société codifiée par les règles de bienséance qui, en négligeant les vertus de la fidélité, provoque sa propre perte en cédant à la passion volatile.

RÉSUMÉ DU ROMAN

La fille unique du marquis de Mézières, descendante de l'illustre maison d'Anjou, est promise au duc du Maine, cadet du duc de Guise.

Mademoiselle de Mézières et le duc de Guise éprouvent une vive passion l'un pour l'autre et cette liaison licencieuse demeure secrète.

La maison de Bourbon, qui souhaite une alliance avec la maison d'Anjou, voyant que tarde le mariage de la demoiselle et du duc de Maine, devance ce dernier et tente de lier la jeune fille au prince de Montpensier.

Le dessein osé se réalise contre toute attente. En effet, malgré les promesses faites au cardinal de Lorraine, la maison d'Anjou cède aux propositions de la maison de Bourbon. Le mariage de la demoiselle de Mézières et du prince de Montpensier a bien lieu, ce qui provoque la colère du duc de Guise : « Il s'emporta avec tant de violence, en présence même du jeune prince de Montpensier, qu'il en naquit entre eux une haine qui ne finit qu'avec leur vie. »

Le prince de Montpensier emmène son épouse séjourner à Champigny, loin de la tourmente de Paris. Elle fait la connaissance du comte de Chabannes, le fidèle ami du prince, qui devient rapidement pour elle aussi un véritable ami et confident, mais le comte, envoûté par la jeune femme, cède au coup de foudre.

Il se résigne à cacher sa passion un an durant : « S'il ne fut pas maître de son cœur, il le fut de ses actions. Le changement de son âme n'en apporta point dans sa conduite et personne ne soupçonna son amour. » Le prince parti en guerre, le comte demeure seul avec la princesse.

Cependant, son ardent désir pour la princesse le pousse à la sincérité, il se décide à tout lui avouer. La princesse reste indifférente et jure de toujours le considérer comme son meilleur ami : « Le comte pensa mourir à ses pieds de honte et de douleur. »

Le prince, de retour après deux ans, retrouve sa femme et se surprend à voir en elle une beauté si parfaite. La paix ne dure que trop peu de temps. Le prince part de nouveau après avoir rassemblé ses troupes.

Le duc d'Anjou, le prince de Montpensier et le duc de Guise partent au combat.

La guerre terminée, le prince s'en retourne à Champigny.

Le duc d'Anjou et le duc de Guise, quant à eux, s'accordent pour retourner à Loches, mais ils empruntent un chemin qui les mènent dans un endroit inconnu, non loin d'une rivière au milieu de laquelle se trouve un bateau.

Le charme et la beauté délicate de la princesse de Montpensier qui se trouve à bord du bateau attirent tous les regards et le duc de Guise, qui reconnaît en elle son premier amour, ne peut s'empêcher de s'émerveiller devant la jeune femme : « M. de Guise […] sentant réveiller vivement dans son cœur tout ce que cette princesse y avait autrefois fait naître, il pensait en lui-même qu'il sortirait difficilement de cette aventure sans rentrer dans ses liens. »

La princesse rougit à la vue du duc de Guise mais se sent honteuse devant l'inclination qu'elle avait eue pour lui auparavant.

Elle invite toutefois les deux hommes dans sa demeure. En arrivant dans la première cour de Champigny, elle aperçoit son époux qui bien que très anxieux à la vue de sa femme au côté de deux hommes, s'attache à faire bonne figure en les accueillant dignement. Cependant, le chagrin et la jalousie que lui provoquent la vue du duc de Guise dont le regard en dit long sur l'amour qu'il porte à sa femme, l'obsède. Il ne parvient pas à cacher sa tristesse.

La venue des deux hommes ne fait pas qu'un malheureux. En effet, le comte de Chabannes à qui la princesse a révélé son inclination pour le charmant duc de Guise, se trouve tout aussi mal : « Ce que le hasard avait fait pour rassembler ces deux personnes lui semblait de si mauvaise augure ; qu'il pronostiquait aisément que ce commencement de roman ne serait pas sans suite. »

Ses mauvais pressentiments sont vraisemblablement justifiés : « Le duc de Guise ne partit pas sans faire entendre à Madame de Montpensier qu'il était pour elle ce qu'il avait été autrefois, et […] que son cœur n'était point changé. »

Le duc d'Anjou et le duc de Guise partent de Champigny avec tous deux beaucoup de regret. Ils se plongent dans leur rêverie, chacun interrogeant l'autre sur l'effet que lui a produit la princesse.

Le duc d'Anjou, littéralement séduit, ne nie pas tout l'effet produit sur lui, autant charmé par son esprit que par sa beauté. Il semble amoureux.

Le duc de Guise, quant à lui, dont le cœur palpite pour la princesse, craint que son amour pour elle ne soit découvert par son rival. Il lui explique alors qu'elle faillit bien être sa belle sœur et qu'il a depuis longtemps été exposé à une telle beauté de telle sorte qu'il s'en est accoutumé.

La princesse ignore les sentiments qu'elle inspire au duc d'Anjou mais se dit ferme dans sa résolution de ne pas céder à l'inclination qu'elle avait autrefois témoignée pour le duc de Guise : « Rien ne pouvait ébranler la résolution qu'elle avait prise de ne s'engager jamais. »

La nouvelle rassure en quelque sorte le comte de Chabannes mais ce dernier n'en demeure pas moins inquiet. En effet, il n'a pas manqué de remarquer l'attention portée par le duc pour la princesse : « Rien ne le pouvait rassurer sur le duc de Guise. »

Ses inquiétudes traduisent une douleur intense car son amour pour la princesse n'est en rien diminué mais la princesse continue à jouer la carte de l'indifférence : « La princesse de

Montpensier […] ne répondait presque pas à ce qu'il lui disait de sa passion et ne considérait toujours en lui que la qualité du meilleur ami du monde. »

Les princes repartent en guerre et la princesse à Paris où les charmes de son esprit et de sa beauté font l'unanimité.

Les sentiments du duc d'Anjou pour la princesse ne cessent d'augmenter à tel point qu'il décide de les lui faire connaître. De son côté, le duc de Guise est lui aussi déterminé à lui faire une déclaration.

Un soir, il la lui fait, elle rougit et tente de se prononcer mais le prince de Montpensier entre dans la pièce. Le trouble de la princesse ne laisse que peu de doute et le soir même il s'emporte contre son épouse et lui défend d'adresser la parole au duc.

Ce dernier tente par mille manières de lui témoigner sa passion. La princesse, quant à elle, ne peut bientôt plus nier son attachement qu'elle disait enterré pour le duc de Guise.

Les rumeurs circulant sur un rapprochement entre la princesse de Navarre et le duc de Guise affligent la princesse de Montpensier qui se sent trahie.

Le duc de Guise lui explique alors qu'un tel mariage lui assurerait une élévation, qu'il n'y a point d'amour sinon de la stratégie et que seule sa bien-aimée peut par son simple refus le faire renoncer à ce dessein et ainsi sacrifier sa possible élévation.

Les explications du duc de Guise augmentent la passion de la jeune femme pour le duc et elle s'en veux d'avoir douté de lui.

Jamais ils ne furent plus amoureux. La nostalgie de l'amour qui les avait unis rapprocha les deux amants : « Ils se trouvèrent accoutumés l'un à l'autre, et leurs cœurs se remirent aisément dans un chemin qui ne leur était pas inconnu. »

Pour le mariage du roi avec la fille de l'empereur Maximilien, on organise un ballet. Les invités sont déguisés et par mégarde, la princesse chuchote des paroles au duc d'Anjou destinées au duc de Guise.

Le duc d'Anjou comprend alors la liaison entre la princesse et le duc de Guise et se sent trompé par son ami.

Il jure vengeance, écœuré de ne pas avoir été choisi par la princesse. Il décide de brouiller les deux amants en laissant entendre à la princesse que le duc la trompe : « Il vous trompe, madame, et vous sacrifie à ma sœur, comme il vous l'a sacrifiée. »

Le duc de Guise accoure pour dire à la princesse que le duc d'Anjou lui a juré vengeance mais n'est pas en mesure d'être écouté. En effet, il reçoit l'indifférence et le mépris de la princesse.

Pour lui prouver son amour, le duc de Guise décide de tout abandonner pour elle. Il sacrifie son élévation et annonce une nouvelle étonnante, celle de son mariage avec la princesse de Portien, une alliance peu avantageuse : « Je m'en vais faire pour vous ce que toute la puissance royale n'aurait pu obtenir de moi. »

La princesse de Montpensier est touchée et émue. Les deux s'amants s'entretiennent et découvrent le malentendu qui a eu raison d'eux.

Le mariage du duc de Guise et de la princesse de Portien est conclu mais paradoxalement, le duc semble s'en réjouir : « Le duc de Guise, ne connaissant plus de grandeur ni de bonne fortune que celle d'être aimé de la princesse, vit avec joie la conclusion de ce mariage, qui l'aurait comblé de douleur dans un autre temps. » Ce paradoxe n'échappe pas au prince de Montpensier qui, par précaution, ordonne le départ de son épouse pour Champigny.

Pour combler la distance lointaine la séparant de son

amant, la princesse décide de charger le comte de Chabannes de la mission d'intermédiaire entre elle et le duc de Guise.

Avec une dévotion peu commune, il accepte avec souffrance de transmettre les lettres des deux amoureux.

Il supporte d'écouter la princesse narrer sa passion pour le duc avec bien du chagrin.

Chagrinée par l'absence de son bien-aimé, elle se fait de plus en plus rude avec le comte. Elle le tourmente avec une férocité inconsciente.

Las de l'indifférence et du manque de reconnaissance qu'il subit à longueur de journée, le comte fait à la princesse un adieu éternel.

La jeune femme, rongée par les remords et consciente de sa dépendance vis-à-vis du comte, demande le repentir. De retour, le comte, envoûté de nouveau par la princesse, oublie vite sa haine et se plie aux désirs de la jeune femme.

Le duc, pris par son désir de revoir la princesse, galope vers Champigny accompagné de son gentilhomme. Il fait parvenir un billet au comte de Chabannes pour prévenir de sa présence.

Le comte cache son chagrin, et se souvient de la fidélité promise à la princesse, ainsi, il ne dissimule pas la venue du duc.

La nouvelle fait sauter de joie la princesse, mais consciente du danger qu'elle pourrait rencontrer en faisant entrer son amant dans le château, elle sollicite l'aide du comte.

Il est prévu que le comte conduise le duc par le parc puis le fasse passer par le pont-levis.

Le soir venu, le prince de Montpensier entend du bruit. Il se précipite droit à l'appartement de son épouse, ouïe une voix d'homme et plonge dans une ardente colère.

Le comte comprend alors que le prince n'hésitera pas à assassiner le duc de Guise s'il l'apercevait dans l'appartement de son épouse. Il voulut éviter une telle souffrance à la princesse et se résout à se sacrifier en s'exposant dans la chambre : « Il se résolut, par une générosité sans exemple, de s'exposer pour sauver une maîtresse ingrate et un rival aimé. » Il fit sortir rapidement le duc.

En ouvrant la porte, le prince découvre son fidèle ami, ce qui le trouble davantage : « Au lieu d'éclaircir le prince de Montpensier, lui persuadaient de plus en plus qu'il y avait quelque mystère dans cette aventure qu'il ne pouvait deviner. »

Il jure vengeance. Le comte de Chabannes est à la fois déchiré par sa passion pour la princesse qui le pousse au silence et pénétré de repentir d'abuser d'une telle amitié pour le comte. Il décide de partir.

L'intrigue amoureuse finit dans les larmes et le sang, puisque le comte de Chabannes est massacré pendant la nuit de la Saint-Barthélemy.

La princesse tombe malade et sa douleur augmente lorsqu'elle comprend que le duc de Guise l'a délaissée pour courtiser Madame de Noirmoutier dont il est subitement tombé amoureux.

La princesse, seule, prend conscience de sa défaite, d'avoir tout abandonné, sa vertu d'épouse exemplaire et un ami à la générosité sans limite, pour un amant qui n'en valait pas la peine.

LES RAISONS
DU SUCCÈS

L'ouvrage de Madame de La Fayette, publié dans la seconde moitié du XVIIe siècle, s'inscrit dans le siècle de Molière (*Dom Juan*), Racine (*Andromaque*, *Britannicus*) et Corneille (*L'Illusion comique*) et se définit en réaction contre l'exubérance du baroque.

De nombreuses pièces de théâtre apparaissent, remettant en question des idées préconçues et interrogeant les mœurs de la société. De même, les *Fables* de La Fontaine voient le jour progressivement. Autant de classiques qui privilégient l'analyse morale et psychologique des personnages et de la société.

Madame de La Fayette, qui connaît bien les milieux mondains, puise certainement une part de son inspiration des salons littéraires qu'elle côtoie quotidiennement où le raffinement du langage et l'esprit sont valorisés.

Ainsi, les œuvres de Mlle de Scudéry (*Le Grand Cyrus*, *Clélie*) font sans doute partie des ouvrages lus par Madame de La Fayette

La Princesse de Montpensier annonce le succès d'un genre nouveau. L'auteure échappe à la contagion des sociétés précieuses où le naturel et l'expression des sentiments sont bannis et propose une peinture des désirs et des sentiments humains.

Ainsi, le lecteur pénètre dans le cœur de l'individu, au plus profond de ses désirs et de ses penchants. Il s'agit d'atteindre un idéal d'équilibre et d'honnêteté.

L'œuvre se démarque des ouvrages de l'époque connus dans la haute société. Son originalité tient en ce que l'héroïne succombe à la tentation mais est ensuite rongée par le remord.

L'amour, comme dans les pièces de Racine, réserve aux personnages un destin tragique. L'héroïne cède face à un amour irréfléchi. L'écrivain ne justifie en rien, ni ne

condamne le personnage mais de ce récit ressort des es-
quisses de maximes faisant l'éloge de la vertu, comme en
témoigne la dernière phrase de la nouvelle : « Elle mourut
en peu de jours, dans la fleur de son âge, une des plus belles
princesses du monde, et qui aurait été sans doute la plus
heureuse, si la vertu et la prudence eussent conduit toutes
ses actions. »

LES THÈMES PRINCIPAUX

Le thème principal de cette nouvelle est celui de la passion amoureuse, de ses vertiges, de ses délices et de ses périls.

L'intrigue amoureuse des deux amants est en effet au cœur de la nouvelle. Il s'agit d'un amour d'adolescence retrouvé, d'une plongée dans les délices d'un amour premier.

La princesse de Montpensier et le duc de Guise semblent s'aimer d'un amour profond puisqu'ils pensent tous deux l'un à l'autre constamment. La princesse se morfond à l'idée de s'éloigner de son amant et ce dernier n'hésite pas, malgré les dangers encourus, à s'en aller pour Champigny rejoindre sa bien-aimée.

Pourtant, en marge de cet amour réciproque et éphémère (la princesse malade, le duc ne s'attarde pas à demander de ses nouvelles et courtise une nouvelle marquise), la véritable passion mise ici en scène est celle éprouvée par le comte de Chabannes.

Son amour pour la princesse est peu commun et vire à l'aveuglement. Le comte cède aux vertiges du coup de foudre et en sacrifie même sa fidèle amitié pour le prince et sa dignité.

Il n'hésite pas à servir un rival aimé à la demande de la princesse mais non sans une terrible douleur : « Ce fut le dernier coup pour le comte de Chabannes de voir que sa maîtresse voulait qu'il servît son rival et qu'elle lui en faisait la proposition comme d'une chose qui lui devait être agréable. » Le comte ressent pour la princesse un amour sincère puisqu'il se sacrifie pour que la princesse soit heureuse.

La générosité et le dévouement du comte de Chabannes sont tels que le personnage reste pour le lecteur un être purement fictionnel.

Le trio s'élargit pour laisser place à un quatrième personnage, le prince de Montpensier qui est trompé de tous. Sa jalousie et son chagrin ne lui laissent pas de répit et c'est dans l'incertitude complète qu'il assiste impuissant aux événements qui se déroulent sous ses yeux. Délaissé et trahi par son ami et sa propre épouse, le personnage est sans doute le plus à plaindre.

L'intrigue amoureuse finit en tragédie. Le récit s'emplit de la rage des personnages qui se jurent vengeance (le duc d'Anjou au duc de Guise, le prince de Montpensier au comte de Chabannes) et de la haine qui éclate dans un contexte délicat (les guerres de religion).

Le comte de Chabannes est assassiné pendant la nuit de la Saint-Barthélemy et la princesse est délaissée par le duc de Guise, celui qui prétendait l'aimer comme personne.

ÉTUDE DU MOUVEMENT LITTÉRAIRE

Les œuvres de Madame de La Fayette s'inscrivent dans la seconde moitié du XVIIᵉ siècle et donc au cœur du classicisme.

Ce mouvement revendique un style simple et naturel en opposition à l'exubérance des formes du baroque (première moitié du XVIIᵉ siècle).

Il s'agit d'instruire le lecteur et le spectateur tout en le distrayant.

Dans la deuxième moitié du XVIIᵉ siècle, les formes privilégiées restent le théâtre, la fable et le portrait, dans lesquels les auteurs s'intéressent à l'analyse morale et psychologique des personnages ou de la société.

Des classiques littéraires émergent à cette époque avec des écrivains tels que Molière, La Fontaine, Corneille, La Bruyère ou encore Madame de La Fayette avec *La Princesse de Clèves*.

Les fictions romanesques et les pièces de théâtre s'attachent à confronter l'individu avec les contraintes morales, sociales et politiques de son époque et visent à peindre précisément des caractères, des désirs et des sentiments humains notamment par le biais des portraits.

Le XVIIᵉ siècle réintroduit des procédés d'écriture et en invente de nouveaux, telle l'utilisation des maximes et des formules générales, à la faveur des écrits philosophiques majeurs qui apparaissent. Madame de La Fayette s'inspire d'ailleurs profondément de Pascal et La Rochefoucauld.

Autant de nouveautés qui ne négligent en rien le raffinement du langage qui était nécessaire pour une renommée littéraire.

Ainsi, les règles de bienséance et de respect étaient

rendues possibles par l'emploi de la litote.

Les œuvres de Madame de La Fayette annoncent le succès d'un genre nouveau de part les thèmes évoqués, les procédés d'écriture et surtout par son audace, mais toujours dans les règles de la bienséance et de l'élégance.

DANS LA MÊME COLLECTION
(par ordre alphabétique)

- **Anonyme**, *La Farce de Maître Pathelin*
- **Anouilh**, *Antigone*
- **Aragon**, *Aurélien*
- **Aragon**, *Le Paysan de Paris*
- **Austen**, *Raison et Sentiments*
- **Balzac**, *Illusions perdues*
- **Balzac**, *La Femme de trente ans*
- **Balzac**, *Le Colonel Chabert*
- **Balzac**, *Le Lys dans la vallée*
- **Balzac**, *Le Père Goriot*
- **Barbey d'Aurevilly**, *L'Ensorcelée*
- **Barbey d'Aurevilly**, *Les Diaboliques*
- **Bataille**, *Ma mère*
- **Baudelaire**, *Les Fleurs du Mal*
- **Baudelaire**, *Petits poèmes en prose*
- **Beaumarchais**, *Le Barbier de Séville*
- **Beaumarchais**, *Le Mariage de Figaro*
- **Beauvoir**, *Mémoires d'une jeune fille rangée*
- **Beckett**, *En attendant Godot*
- **Beckett**, *Fin de partie*
- **Brecht**, *La Noce*
- **Brecht**, *La Résistible ascension d'Arturo Ui*
- **Brecht**, *Mère Courage et ses enfants*
- **Breton**, *Nadja*
- **Brontë**, *Jane Eyre*
- **Camus**, *L'Étranger*
- **Carroll**, *Alice au pays des merveilles*
- **Céline**, *Mort à crédit*

- **Céline**, *Voyage au bout de la nuit*
- **Chateaubriand**, *Atala*
- **Chateaubriand**, *René*
- **Chrétien de Troyes**, *Perceval*
- **Cocteau**, *La Machine infernale*
- **Cocteau**, *Les Enfants terribles*
- **Colette**, *Le Blé en herbe*
- **Corneille**, *Le Cid*
- **Crébillon fils**, *Les Égarements du cœur et de l'esprit*
- **Defoe**, *Robinson Crusoé*
- **Dickens**, *Oliver Twist*
- **Du Bellay**, *Les Regrets*
- **Dumas**, *Henri III et sa cour*
- **Duras**, *L'Amant*
- **Duras**, *La Pluie d'été*
- **Duras**, *Un barrage contre le Pacifique*
- **Flaubert**, *Bouvard et Pécuchet*
- **Flaubert**, *L'Éducation sentimentale*
- **Flaubert**, *Madame Bovary*
- **Flaubert**, *Salammbô*
- **Gary**, *La Vie devant soi*
- **Giraudoux**, *Électre*
- **Giraudoux**, *La Guerre de Troie n'aura pas lieu*
- **Gogol**, *Le Mariage*
- **Homère**, *L'Odyssée*
- **Hugo**, *Hernani*
- **Hugo**, *Les Misérables*
- **Hugo**, *Notre-Dame de Paris*
- **Huxley**, *Le Meilleur des mondes*
- **Jaccottet**, *À la lumière d'hiver*
- **James**, *Une vie à Londres*
- **Jarry**, *Ubu roi*
- **Kafka**, *La Métamorphose*

- **Kerouac**, *Sur la route*
- **Kessel**, *Le Lion*
- **Le Clézio**, *Mondo et autres histoires*
- **Levi**, *Si c'est un homme*
- **London**, *Croc-Blanc*
- **London**, *L'Appel de la forêt*
- **Maupassant**, *Boule de suif*
- **Maupassant**, *Le Horla*
- **Maupassant**, *Une vie*
- **Molière**, *Amphitryon*
- **Molière**, *Dom Juan*
- **Molière**, *L'Avare*
- **Molière**, *Le Malade imaginaire*
- **Molière**, *Le Tartuffe*
- **Molière**, *Les Fourberies de Scapin*
- **Musset**, *Les Caprices de Marianne*
- **Musset**, *Lorenzaccio*
- **Musset**, *On ne badine pas avec l'amour*
- **Perec**, *La Disparition*
- **Perec**, *La Vie mode d'emploi*
- **Perec**, *Les Choses*
- **Perrault**, *Contes*
- **Prévert**, *Paroles*
- **Prévost**, *Manon Lescaut*
- **Proust**, *À l'ombre des jeunes filles en fleurs*
- **Proust**, *Albertine disparue*
- **Proust**, *Du côté de chez Swann*
- **Proust**, *Le Côté de Guermantes*
- **Proust**, *Le Temps retrouvé*
- **Proust**, *Sodome et Gomorrhe*
- **Proust**, *Un amour de Swann*
- **Queneau**, *Exercices de style*
- **Quignard**, *Tous les matins du monde*

- **Rabelais**, *Gargantua*
- **Rabelais**, *Pantagruel*
- **Racine**, *Andromaque*
- **Racine**, *Bérénice*
- **Racine**, *Britannicus*
- **Racine**, *Phèdre*
- **Renard**, *Poil de carotte*
- **Rimbaud**, *Une saison en enfer*
- **Sagan**, *Bonjour tristesse*
- **Saint-Exupéry**, *Le Petit Prince*
- **Sarraute**, *Enfance*
- **Sarraute**, *Tropismes*
- **Sartre**, *Huis clos*
- **Sartre**, *La Nausée*
- **Senghor**, *La Belle histoire de Leuk-le-lièvre*
- **Shakespeare**, *Roméo et Juliette*
- **Steinbeck**, *Les Raisins de la colère*
- **Stendhal**, *La Chartreuse de Parme*
- **Stendhal**, *Le Rouge et le Noir*
- **Verlaine**, *Romances sans paroles*
- **Verne**, *Une ville flottante*
- **Verne**, *Voyage au centre de la Terre*
- **Vian**, *J'irai cracher sur vos tombes*
- **Vian**, *L'Arrache-cœur*
- **Vian**, *L'Écume des jours*
- **Voltaire**, *Candide*
- **Voltaire**, *Micromégas*
- **Zola**, *Au Bonheur des Dames*
- **Zola**, *Germinal*
- **Zola**, *L'Argent*
- **Zola**, *L'Assommoir*
- **Zola**, *La Bête humaine*
- **Zola**, *Nana*